BEI GRIN MACHT SICH IHR WISSEN BEZAHLT

Rechtliche Herausforderungen im Geschäftsverkehr. Kaufverträge, Darlehensrückzahlungen und GmbH-Einlagepflicht

GRIN

Bibliografische Information der Deutschen Nationalbibliothek:

Die Deutsche Nationalbibliothek verzeichnet diese Publikation in der Deutschen Nationalbibliografie; detaillierte bibliografische Daten sind im Internet über http://dnb.d-nb.de abrufbar.

ISBN: 9783346913456
Dieses Buch ist auch als E-Book erhältlich.

Druck und Bindung: Books on Demand GmbH, Norderstedt Germany
Gedruckt auf säurefreiem Papier aus verantwortungsvollen Quellen

Das vorliegende Werk wurde sorgfältig erarbeitet. Dennoch übernehmen Autoren und Verlag für die Richtigkeit von Angaben, Hinweisen, Links und Ratschlägen sowie eventuelle Druckfehler keine Haftung.

Das Buch bei GRIN: https://www.grin.com/document/1375540

Wirtschaftsrecht

SRH Fernhochschule – The Mobile University

Master of Business Administration (MBA)

Einsendeaufgaben – Alternative C

Datum: 13.07.2023

Inhaltsverzeichnis

Abkürzungsverzeichnis

Abk.	Abkürzung
abzgl.	abzüglich
bspw.	beispielsweise
bzw.	beziehungsweise
d. h.	das heißt
ggfls.	gegebenenfalls
i. d. R.	in der Regel
i. H. v.	in Höhe von
i. S. d.	im Sinne des
i. V. m.	in Verbindung mit
sog.	sogenannten
u. a.	unter anderem
zzgl.	zuzüglich

Aufgabe 1

1.1 Anspruch von L gegenüber der A und B OHG

Sachverhalt

Für den Verkauf eines feuerroten italienischen Sportwagens könnte L nach § 433 Abs. 2 BGB einen Anspruch auf Zahlung i. H. v. 250.000 € gegen die A und B OHG, exklusive Importwagen haben. Voraussetzung für den Kauf des Sportwagens ist ein wirksamer Kaufvertrag zwischen der A und B OHG und L.

Anspruchsprüfung

Rechtskräftige Subjekte sind Personen oder Organisationen, die nach geltendem Recht rechtliche Anerkennung und Handlungsfähigkeit besitzen. L ist eine volljährige Privatperson, welche mit Vollendung des 18. Lebensjahres eigenständig Kaufverträge abschließen kann. Die OHG ist zwar keine juristische Person, ist jedoch teilrechtsfähig.[1] Die OHG kann bspw. gemäß § 124 Abs. 1 HGB unter ihrer Firma Rechte erwerben oder Verbindlichkeiten eingehen. Die A und B OHG und L sind somit rechtsfähige Subjekte.[2]

Damit das beabsichtige Kaufgeschäft eintritt, muss der entsprechende Wille im Rechtsverkehr durch eine Willenserklärung zum Ausdruck gebracht. Infolgedessen entsteht gemäß § 145 ff BGB ein wirksamer Kaufvertrag erst dann, wenn es zum Angebot und zur Annahme kommt.[3] P hat im Namen der Gesellschaft A und B OHG durch die Annahme des Angebots eine eigene Willenserklärung abgegeben. Durch das Angebot von L und der Angebotsannahme bzw. dem Kauf des Sportwagens von P, könnte demnach ein

---

[1] Vgl. Joswig, I. (2019) S.57-62
[2] Vgl. Passarge, M. (2017) S.192
[3] Vgl. Joswig, I. (2019) S.65

wirksamer Kaufvertrag vorliegen. Hierzu ist allerdings die Wirksamkeit der Erklärung des Vertreters nach § 164 Abs. 1 BGB erforderlich.

Damit eine Willenserklärung unmittelbar für und gegen den Vertretenen wirkt, muss diese durch jemanden innerhalb der ihm zustehenden Vertretungsmacht im Namen der Gesellschaft abgegeben werden (vgl. § 164 Abs. 1 S. 1 BGB).[4] Nach Eröffnung des Autohauses erhielt P gemäß § 48 Abs. 1 HGB im Jahre 2016 Prokura. Laut § 49 Abs. 1 HGB ermächtigt die Prokura zu allen Arten von gerichtlichen und außergerichtlichen Geschäften und Rechtshandlungen, welche der betrieb eines Handelsgewerbes mit sich bringt.[5] Nach § 53 Abs. 1 HGB ist eine Eintragung der Prokura ins Handelsregister zwar vorgeschrieben, es besteht jedoch keine Wirksamkeitsvoraussetzung. Aus diesem Grund ist die Prokura auch ohne Eintragung ins Handelsregister wirksam, die Handelsregistereintragung hat lediglich deklaratorische Wirkung.[6]

Anfang Mai 2017 wurde P die Prokura entzogen. Der Widerruf der Prokura von P wurde am 13.05.2017 in das Handelsregister eingetragen und am 14.05.2017 ordnungsgemäß bekannt gemacht. Damit ein Kaufvertrag wirksam durch eine Willenserklärung des Vertreters abgeschlossen werden kann, muss die Prokura allerdings zum Zeitpunkt der Rechtshandlung bestehen. Da der Erwerb des Sportwagens erst am 25.05.2017 stattgefunden hat, wurde P bereits im Vorfeld des Kaufs die Prokura und somit die Vertretungsvollmacht entzogen. P handelte demnach ohne Vertretungsvollmacht, wodurch der Kaufvertrag zwischen der A und B OHG und L gemäß § 177 Abs.1 BGB schwebend unwirksam wurde.[7]

Wie bereits erwähnt, ist die Erteilung der Prokura von dem Inhaber des Handelsgeschäfts in das Handelsregister anzumelden (vgl. § 53 Abs. 1 HGB). Im Fall der A und B OHG ist die Eintragung der Prokura gänzlich ausgeblieben. Gemäß § 15 Abs. 1 HGB kann eine nicht in das Handelsregister eingetretene und bekanntgemachte Tatsache demjenigen, in dessen Angelegenheiten sie

---

[4] Vgl. Jesgarzewski, T. (2022) S.203
[5] Vgl. Passarge, M. (2017) S.180
[6] Vgl. Schempf, T. (2018) S.17
[7] Vgl. Führich, E. (2017) S.86

einzutragen war, nicht entgegengesetzt werden, es sei denn, dieser kennt die Vereinbarung.[8]

Dies gilt ebenso in gleicher Weise für das Erlöschen der Prokura (vgl. § 53 Abs. 2 HGB) und stellt somit nach § 15 Abs. 1 HGB eine einzutragende Tatsache dar. Ist die Tatsache eingetragen und bekanntgemacht worden, so muss gemäß § 15 Abs. 2 S. 1 HGB ein Dritter sie grundsätzlich gegen sich gelten lassen. Nach § 15 Abs. 2 S. 2 HGB gilt dies jedoch nicht bei Rechtshandlungen, welche innerhalb von fünfzehn Tagen nach Bekanntmachung vorgenommen werden, sofern der Dritte beweist, dass er die Tatsache weder kannte noch kennen musste.[9]

Das Erlöschen der Prokura war L zum Zeitpunkt des Kaufgeschäfts nicht bekannt. Die ordnungsgemäße Bekanntmachung erfolgte im Fall der A und B OHG am 14.05.2017. Da das Kaufgeschäft am 25.05.2017, also lediglich 9 Tage nach der Bekanntmachung erfolgte, wurde der Kauf innerhalb der 15-Tagesfrist abgeschlossen. Die Prokura von P gilt nach § 15 Abs. 2 S. 2 HGB nicht als widerrufen, da das Kaufgeschäft innerhalb der 15-Tagesfrist erfolgte und L zudem nichts von dem Erlöschen der Prokura wusste. Die A und B OHG muss sich demnach gegenüber L so behandeln lassen, als hätte P mit Vertretungsmacht gehandelt.

Die Prokura von P beschränkte sich auf den Abschluss von Geschäften bis zu einer Höhe von 150.000 €. Nach § 50 Abs. 1 HGB ist eine Beschränkung der Prokura gegenüber Dritten unwirksam. Die Beschränkung der Vertretungsvollmacht im Innenverhältnis steht der Wirksamkeit eines Kaufvertrags im Außenverhältnis also grundsätzlich nicht entgegen.[10]

L wusste von der Absprache, dass P zum Abschluss von Geschäften über 150.000 € hinaus nicht befugt ist. Da sie also Kenntnis von der Beschränkung der Prokura auf Rechtsgeschäfte hatte, handelte sie nicht gutgläubig und ist daher nicht schutzwürdig. Es handelt sich hierbei um eine Ausnahme des § 50 Abs. 1 HGB, welcher in diesem Fall keine Anwendung findet.

---

[8] Vgl. Passarge, M. (2017) S.180
[9] Vgl. Jesgarzewski, T. (2022) S.204
[10] Vgl. Schempf, T. (2018) S.19

Rechtsfolge

Zum Zeitpunkt des Abschlusses des Kaufvertrags mit L hatte P keine Vertretungsmacht gegenüber der A und B OHG. Der schwebend unwirksame Kaufvertrag wurde durch die zurückgewiesene Zustimmung der A und B nichtig. Zwischen der A und B OHG und L kam somit kein wirksamer Kaufvertrag zustande. Der Anspruch von L zur Zahlung des Kaufpreises 250.000 € ist nicht durchsetzbar.

1.2 Anspruch von D gegenüber B

Sachverhalt

D könnte gegen B einen Anspruch auf Zahlung von 20.000 € nach § 433 Abs. 2 BGB i. V. m. § 128 S. 1 HGB haben. Voraussetzung für den Anspruch ist das Bestehen eines wirksamen Kaufvertrages über die Ersatzteilbestellung zwischen der A und B OHG und dem Lieferant D.

Anspruchsprüfung

Nach § 145 ff BGB i. V. m. § 124 Abs. 1 HGB ist hierfür eine beidseitige Willenserklärung notwendig.[11] Da B das Angebot nicht angenommen hat, bzw. keine Willenserklärung abgegeben hat, ist zwischen B und D kein wirksamer Kaufvertrag zustande gekommen.

Zwischen der A und B OHG und dem Lieferant D könnte jedoch ein wirksamer Kaufvertrag zustande gekommen sein. Durch die Aufgabe der Bestellung Ende Januar 2018 gaben A und N im Namen der A und B OHG eine eigene Willenserklärung ab. Hier ist allerdings erforderlich, dass A und N gemäß § 125 HGB die A und B OHG bei ihrer Bestellung wirksam vertreten dürfen.

---

[11] Vgl. Joswig, I. (2019) S.65

Laut § 125 Abs. 1 HGB zeigt sich eine Stellvertretung der Gesellschaft durch das rechtsgeschäftliche Handeln. Gemäß § 125 Abs. 1 HGB ist grundsätzlich jeder Gesellschafter zur Vertretung der Gesellschaft ermächtigt.[12] Um unliebsame Überraschungen zu vermeiden, vereinbarten die Gesellschafter der A und B OHG bei der Aufnahme von N, dass sämtliche Geschäfte nur von allen Gesellschaftern gemeinsam abgeschlossen werden dürfen. Da im Gesellschaftsvertrag eine Gesamtvertretung nach § 125 Abs. 2 HGB festgehalten wurde, diese ins Handelsregister eingetragen und ordnungsgemäß bekanntgegeben wurde, müssen die Gesellschafter bei allen Geschäften einstimmig zustimmen.

Zum 31.12.2017 tritt B aus der Gesellschaft aus. Nach § 143 Abs. 2 HGB ist das Ausscheiden eines Gesellschafters eine ins Handelsregister einzutragende Tatsache. Die Eintragung seines Ausscheidens unterblieb jedoch aus Unachtsamkeit. Die Kündigung eines Gesellschafters führt mangels abweichender vertraglicher Bestimmung gemäß § 131 Abs. 3 HGB zum Ausscheiden des Gesellschafters. B ist durch seine Kündigung aus der OHG-Gesellschaft ausgeschieden und verliert somit seine Gesellschafterstellung. Durch den Austritt von B wurde die Gesamtvertretungsmacht durch A, B und N zu einer Gesamtvertretungsmacht von A und N.

Laut § 160 HGB bleibt B jedoch im Außenverhältnis für alle begründeten Verbindlichkeiten bis zu fünf Jahre lang haftbar. Die Frist beginnt nach § 160 Abs. 1 S. 2 HGB mit dem Ende des Tages, an dem das Ausscheiden in das Handelsregister des für den Sitz der Gesellschaft zuständigen Gerichts eingetragen wird. Nach § 160 Abs. 1 S. 2 HGB beginnt die 5-Jahresfrist am Tag, bei dem das Ausscheiden des Gesellschafters ins Handelsregister eingetragen wird. Besitzt der Gläubiger Kenntnis über das Ausscheiden des Gesellschafters, beginnt die 5-Jahresfrist mit Eintritt dieser Kenntnis. Demzufolge sollten ausscheidende Gesellschafter einer Gesellschaft auf eine Eintragung ins Handelsregister drängen. Nur so können Haftungsansprüche gegenüber Dritten ausgeschlossen werden.[13]

---

[12] Vgl. Jesgarzewski, T. (2022) S.229
[13] Vgl. Passarge, M. (2017) S.198

Obwohl B zum Zeitpunkt des Vertragsschlusses nicht mehr Gesellschafter der A und B OHG war, lässt sich seine Haftung nicht ausschließlich auf § 128 HGB schützen. Wie bereits erwähnt, ist das Ausscheiden eines Gesellschafters eine in das Handelsregister einzutragende Tatsache. Das Ausscheiden von B würde daher laut § 15 Abs. 1 HGB nicht als geschehen gelten. Das bedeutet, dass D als Lieferant von der Änderung in der Gesellschafterstruktur keine Kenntnis hatte und weiterhin davon ausgehen darf, dass B Gesellschafter der A und B OHG ist.

Für die Anwendbarkeit der negativen Publizität nach § 15 Abs. 1 HGB muss es sich um eine einzutragende Tatsache handeln, welche weder in das Handelsregister eingetragen noch bekanntgemacht wurde. Da es sich beim Ausscheiden des B um die genannten Voraussetzungen handelt, ist grundsätzlich die Anwendbarkeit des § 15 Abs. 1 HGB gegeben.[14]

Die sogenannte Rosinentheorie besagt, dass sich der Gläubiger nach eigenem Ermessen den Gesellschafter aussuchen darf, welcher ihm lieber ist und von diesem die Zahlung verlangen. Diese Wahl beruht auf dem Grundsatz der negativen Publizität des Handelsregisters.[15] Der Lieferant B hat hier also ein Wahlrecht und kann sich zwischen A, B und N entscheiden.

Bei der Rosinentheorie sind zwei Ansichten möglich, die des wirklichen Sachverhaltes und die des fingierten Sachverhaltes:

Beruht sich der Lieferant D auf dem wirklichen Sachverhalt (B ist aus der Gesellschaft ausgeschieden), so hat D dennoch einen Anspruch zur Zahlung des Kaufpreises gegen die A und B OHG. Gemäß § 15 Abs. 1 HGB ist B im vorliegenden Sachverhalt noch Gesellschafter der A und B OHG, da das Ausscheiden nicht ins Handelsregister eingetragen wurde. Beruht sich der Lieferant D auf diesen Sachverhalt, so muss außerdem gegeben sein, dass dieser nicht von der Tatsache wusste, dass B zum 31.12.2017 aus der Gesellschaft ausgetreten ist.

---

[14] Vgl. Schempf, T. (2018) S.18-20
[15] Vgl. Jesgarzewski, T. (2022) S.204

Derjenige, der sich nicht um die Eintragung einer eintragungspflichtigen Tatsache gekümmert hat, kann die Abwesenheit der Eintragung einem Dritten gegenüber nicht entgegenhalten. Da der Lieferant D nichts von dem Ausscheiden wusste, kann B also im vorliegenden Fall sein Ausscheiden dem Lieferanten D gegenüber nicht entgegenhalten.

Rechtsfolge

Zwischen der A und B OHG und dem Lieferanten D ist Ende Januar ein wirksamer Kaufvertrag zustande gekommen. Durch die negative Publizität nach § 15 Abs. 1 HGB haftet B auch nach dessen Ausscheiden aus der Gesellschaft für die Ansprüche gegenüber der OHG. Der Anspruch des D ist nach § 433 Abs. 2 BGB i. V. m. § 128 S. 1 HGB nicht erloschen und durchsetzbar. D hat somit gegenüber B einen Anspruch auf Zahlung von 20.000 €.

Aufgabe 2

Sachverhalt A-Bank

Die A-Bank könnte gemäß § 488 Abs. 1 S. 2 BGB gegenüber D einen Anspruch auf Rückzahlung des fälligen Darlehens aus dem Juli 2015 i. H. v. 10.000 € haben.

Sachverhalt B-Bank

Die B-Bank könnte gemäß § 488 Abs. 1 S. 2 BGB gegenüber D einen Anspruch auf Rückzahlung des fälligen Darlehens aus dem August 2015 i. H. v. 20.000 € haben.

Anspruchsprüfung

Laut § 488 Abs. 1 HGB verpflichtet sich der Darlehensnehmer dazu, den geschuldeten Zins sowie bei Fälligkeit das zur Verfügung gestellte Darlehen zurückzuzahlen. Für den Anspruch der A-Bank & B-Bank gegen D müsste jedoch ein Darlehensvertrag zwischen den Banken und D existieren.[16] Da jedoch weder zwischen der A-Bank und D noch zwischen der B-Bank und D ein Darlehensvertrag existiert, haftet D als Privatperson gegenüber den Banken nicht.

Im Juli 2015 nimmt C ein Darlehen i. H. v. 10.000 € von der A-Bank auf. Das Darlehen im August 2015 wurde im Namen der C und Co. KG bei der B-Bank i. H. v. 20.000 € aufgenommen. Da D ab dem 11.08.2015 Kommanditist der C und Co. KG ist, könnte dieser als Gesellschafter haften.

---

[16] Vgl. Jesgarzewski, T. (2022) S.136-138

Im vorliegenden Fall der C und Co. KG ist davon auszugehen, dass C der einzige Komplementär ist. Nach § 161 Abs. 1 HGB haftet dieser gegenüber den Gesellschaftsgläubigern persönlich und unbeschränkt. D ist Kommanditist der Kommanditgesellschaft und haftet nach § 161 Abs. 1 HGB beschränkt bis zu ihrer Einlage i. H. v. 5.000 €.

Eine Kommanditgesellschaft entsteht mit dem Abschluss des Gesellschaftervertrags. Nach § 161 Abs. 2 HGB gelten für sie die gleichen Vorschriften wie die für die offene Handelsgesellschaft. Gemäß § 161 Abs. 2 HGB i. V. m. § 123 Abs. 1 HGB tritt die Wirksamkeit im Außenverhältnis erst mit dem Zeitpunkt ein, in welchem die Gesellschaft in das Handelsregister eingetragen wird. Wenn bereits vor der Entstehung ein kaufmännisches Unternehmen i. S. d. § 1 Abs. 2 HGB bestand, beginnt die Wirksamkeit bereits mit der Aufnahme des Geschäftsbetriebs. Die C und Co. KG war bereits vor der Gründung der Kommanditgesellschaft ein durch C geführtes Kleingewerbe i. S. d. § 1 Abs. 2 HGB. Laut § 2 S. 2 HGB ist die Eintragung des Kleingewerbes ins Handelsregister nicht verpflichtend. Obwohl die Kommanditgesellschaft im vorliegenden Fall erst im September 2015 ins Handelsregister eingetragen wurde, entsteht diese durch die Aufnahme des Geschäftsbetriebs ohne Eintragung ins Handelsregister am 11.08.2015.

Nach §§ 171 Abs. 1 S. 1, 173 Abs. 1 HGB muss der Kommanditist einer Kommanditgesellschaft zum Zeitpunkt seiner Haftung in das Handelsregister eingetragen sein. Hat die Gesellschaft die Geschäfte vor Eintragung in das Handelsregister begonnen, so haftet laut § 176 Abs. 1 HGB jeder Kommanditist, der dem Geschäftsbeginn zugestimmt hat, für die bis zur Eintragung begründeten Verbindlichkeiten der Gesellschaft gleich einem persönlich haftenden Gesellschafter, es sei denn, dass seine Beteiligung als Kommanditist dem Gläubiger bekannt war.[17]

Am 09.08.2015 vereinbarten C und D die Gründung einer Gesellschaft, welche am 11.08.2015 angemeldet und einvernehmlich aufgenommen wurde. Bis zur

---

[17] Vgl. Engelhardt, U. (2018) S.21

Eintragung im September 2015 haftet D laut § 176 Abs. 1 HGB gleich einem haftenden Gesellschafter mit ihrem gesamten Privatvermögen.

Im Juli 2015 nimmt C bei der A-Bank ein Darlehen i. H. v. 10.000 € auf. Zu diesem Zeitpunkt gilt C noch als Kleingewerbetreibender. Es ist nun der Umstand zu beachten und zu überprüfen, dass B in eine bereits bestehende Handelsgesellschaft eintritt (vgl. 176 Abs. 2 HGB).[18]

Nach § 28 Abs. 1 HGB kann sich eine Haftung der Kommanditgesellschaft ergeben. Die Voraussetzungen sind allerdings mangels Kaufmanneigenschaft i. S. d. § 1 Abs. 1 HGB grundsätzlich nicht erfüllt. Gemäß § 28 Abs. 1 HGB gehen Verbindlichkeiten des früheren Geschäftsinhabers mit dem Eintritt eines Kommanditisten und der zusammenhängenden Gründung einer Kommanditgesellschaft auf die Gesellschaft über. Die Haftung für vergangene Gesellschaftsverbindlichkeiten ist allerdings auf die Höhe der Einlage begrenzt. Ist diese vollständig erbracht, so haftet der Kommanditist für die Gesellschaftsschulden nicht mehr persönlich (vgl. § 171 Abs. 1 HGB).[19]

Im Fall der C und Co. KG geht also hervor, dass durch die Gründung der Kommanditgesellschaft sämtliche betriebliche Verbindlichkeiten des C auf die C und Co. KG übergehen. D haftet mit der Zustimmung zur Aufnahme der Geschäftstätigkeit der Kommanditgesellschaft somit ebenfalls für Altverbindlichkeiten aus der Einzelunternehmung. Die Haftung jedoch beschränkt sich auf die Höhe der Einlage.

Das Darlehen bei der B-Bank i. H. v. 20.000 € wurde Ende August 2015 im Namen der C und Co. KG aufgenommen. Zu diesem Zeitpunkt war die Gesellschaft zwar noch nicht in das Handelsregister eingetragen, da der Geschäftsbetrieb jedoch bereits aufgenommen wurde, war die Gesellschaft zum Zeitpunkt der Darlehensaufnahme bereits geschäftstätig. Die Darlehensaufnahme erfolgte mit dem Einverständnis von D.

---

[18] Vgl. Passarge, M. (2017) S.202
[19] Vgl. Schempf, T. (2018) S.19

Rechtsfolge A-Bank

Gemäß § 171 Abs. 1 HGB haftet der Kommanditist bis zur Höhe seiner Einlage. Durch die am 11.08.2015 von D geleistete Einlage i. H. v. 5.000 € findet eine Haftungsbefreiung statt. Aufgrund der vollständigen Erbringung der Einlage i. H. v. 5.000 € hat die A-Bank gegenüber D nach § 488 Abs. 1 S. 2 BGB i. V. m. §§ 28 Abs. 1 S. 1, 171 Abs. 1 HGB keinen Anspruch auf Rückzahlung des gewährten Darlehens i. H. v. 10.000 €.

Rechtsfolge B-Bank

Laut § 176 Abs. 1 HGB haftet D als Kommanditistin für die bis zur Eintragung begründeter Verbindlichkeiten der Gesellschaft gleich einem persönlich haftenden Gesellschafter. Aufgrund der fehlenden Eintragung im Fall der C und Co. KG und der Zustimmung von D zur Darlehensaufnahme haftet diese mit ihrem gesamten Privatvermögen. Die B-Bank hat demnach gegen D nach § 488 Abs. 1 S. 2 BGB i. V. m. § 176 Abs. 1 HGB einen Anspruch auf Zahlung i. H. v. 20.000 €.

Aufgabe 3

Sachverhalt

Die beiden Gesellschafter M und N könnten durch die Zahlungen von jeweils 250.000 € an die X-GmbH aus § 352 Abs. 1 BGB von ihrer Einlagepflicht frei geworden sein.

Anspruchsprüfung

Gemäß § 29 Abs. 1 GmbHG haben Gesellschafter grundsätzlich Anspruch auf den gesamten Jahresüberschuss zzgl. eines Gewinnvortrages und abzgl. eines Verlustvortrags. Nach § 30 Abs. 1 S. 1 GmbHG darf das zur Erhaltung des Stammkapitals erforderliche Vermögen der Gesellschaft allerdings nicht an die Gesellschafter ausgezahlt werden. Voraussetzung für die Gewinnausschüttung ist nach § 46 Abs. 1 GmbHG ein Beschluss der Gesellschafter. Die Wirksamkeit eines solchen Beschluss der Satzungsänderung erfolgt durch eine notarielle Beurkundung sowie der Dreiviertelmehrheit der Gesellschafter (§ 53 Abs. 2 GmbHG). Rechtliche Wirkung erhält die Abänderung erst nachdem sie in das Handelsregister des Sitzes der Gesellschaft eingetragen ist (§ 54 Abs. 3 GmbHG).[20]

Die Erhöhung des Stammkapitals um 500.000 € auf 700.000 € wurde auf der Gesellschafterversammlung einstimmig beschlossen und anschließend notariell beurkundet. Beide Gesellschafter übernehmen gleichmäßig einen Geschäftsanteil von jeweils 250.000 € gegen Bareinlage. Somit haben die Gesellschafter M und N eine formwirksame Erklärung zur Übernahme abgegeben und sich damit wirksam verpflichtet jeweils 250.000 € in bar an die X-GmbH zu zahlen.

---

[20] Vgl. Stache, U. (2018) S.15

Grundsätzlich erlischt ein Schuldverhältnis nach § 362 Abs. 1 BGB, wenn die geschuldete Leistung an den Gläubiger bewirkt wird. Durch die Bareinlage von jeweils 250.000 € wurde die Verpflichtung von den Gesellschaften M und N an die X-GmbH erfüllt. Nach § 56 Abs. 2 GmbHG i. V. m. § 19 Abs. 4 Satz 1 GmbHG ist ein Gesellschafter allerdings im Falle einer verdeckten Sacheinlage nicht von der Einlagenverpflichtung befreit. Es ist zu prüfen, ob die Geldeinlage der Gesellschafter bei wirtschaftlicher Betrachtung und aufgrund einer im Zusammenhang mit der Übernahme der Geldeinlage getroffene Abrede vollständig oder teilweise als Sachanlage bewertet werden kann.

Sofern die Gesellschafter keine anderweitige Verwendung des Ergebnisses beschließen, kann der Gewinnvortrag durch den Beschluss der Gesellschafter ausgelöst werden. Nach § 46 Abs. 1 GmbHG können die Gesellschafter über die Verwendung des Jahresabschlussergebnisses bestimmen.[21] Eine Verwendungsmöglichkeit ist der Gewinnvortrag mit dem Ergebnis eines teilweisen Entfalls des Gesellschafteranspruchs auf den Jahresüberschuss. Der Anspruch besteht lediglich dann, wenn die Summe von der Verteilung nicht ausgeschlossen ist (vgl. § 29 Abs. a GmbHG).[22]

Gemäß § 29 Abs. 1 S. 1 GmbHG ist ein entsprechender Gewinnauszahlungsanspruch entstanden. M und N haben eine Woche nach der ersten Gesellschafterversammlung auf einer erneuten Gesellschafterversammlung einstimmig beschlossen, dass 500.000 € des Gewinnvortrags an die Gesellschafter ausgeschüttet werden, so dass jeder 250.000 € erhält.

Bei wirtschaftlicher Betrachtung des Gesamtvorgangs stellt man fest, dass sich die geleistete Gewinnauszahlungen und die Einlagen der Gesellschafter M und N kompensieren. Als Gegenleistung zum Erhalt der neuen Geschäftsanteile wurden lediglich die Forderungen und kein Geld eingebracht. Da es grundsätzlich möglich ist, Forderungen gegen eine Gesellschaft als Sacheinlage einzubringen, handelt es sich aus wirtschaftlicher Betrachtung bei den Einlagen von M und N

---

[21] Vgl. Schempf, T. (2018) S.76-77
[22] Vgl. Stache, U. (2018) S.74

als Sacheinlage.[23] Die Gesellschafter M und N wussten bereits bei Fassung des Beschlusses über die Kapitalerhöhung von der Gewinnausschüttung. Da die Forderungen allerdings zum Zeitpunkt des Kapitalerhöhungsbeschlusses noch nicht bestanden haben, ist dies kritisch zu bewerten. Gemäß § 56 Abs. 1 GmbHG ist es den Gesellschaftern M und N nicht möglich gewesen, die Einlage der Forderung im Beschluss über die Stammkapitalerhöhung festzusetzen.

Nach § 19 Abs. 1 GmbHG sind die Einzahlungen auf die Geschäftsanteile nach dem Verhältnis der Geldeinlagen zu leisten. Wie bereits aufgezeigt, handelt es sich bei den Gewinnauszahlungsansprüchen von M und N um verdeckte Sacheinlagen. Da nach § 19 Abs. 4 S. 1 GmbHG die Erfüllungswirkung der Geldzahlung aus Sacheinlagen ausgeschlossen wird, besteht somit die Einlageverpflichtung.

Rechtsfolge

Nach § 19 Abs. 3 GmbHG können die Gesellschafter durch eine Kapitalabsetzung höchstens um den Betrag befreit werden, um den das Stammkapital herabgesetzt worden ist. Weil neben dem Stammkapital 1.000.000 € als Gewinnvortrag ausgewiesen sind, beträgt das bilanzielle Eigenkapital zu diesem Zeitpunkt 1.200.000 €. Damit sind die Forderungen von M und N in Höhe von 500.000 € vollständig gedeckt. Wenn es zur Eintragung der Kapitalerhöhung kommt, befreit dies die Gesellschafter M und N von den Einlagenverpflichtungen.

---

[23] Vgl. Stache, U. (2018) S.60

Literaturverzeichnis

Engelhardt, U. (2018) „Gesellschaftsrecht. Grundlagen und Strukturen", 1. Auflage, Wiesbaden

Führich, E. (2017) „Wirtschaftsprivatrecht. Bürgerliches Recht, Handelsrecht, Gesellschaftsrecht", 13. Auflage, München

Jesgarzewski, T. (2022) „Wirtschaftsprivatrecht. Grundlagen und Praxis des bürgerlichen Rechts", 5. Auflage, Wiesbaden

Joswig, I. (2019) „Bürgerliches Recht", Hrsg. Graewe, D. „Wirtschaftsrecht. Lehrbuch für Master-Studiengänge", 2. Auflage, Wiesbaden

Passarge, M. (2019) „Handels- und Gesellschaftsrecht", Hrsg. Graewe, D. „Wirtschaftsrecht. Lehrbuch für Master-Studiengänge", 2. Auflage, Wiesbaden

Schempf, T. (2018) „Unternehmens- und Gesellschaftsrecht", Studienbrief SRH Fernhochschule, Titel-Nr. 0652-04, 4. Auflage, Riedlingen

Stache, U. (2018) „GmbH-Recht. Was Geschäftsführer und Manager wissen müssen", 2. Auflage, Wiesbaden